Raik Dowedeit

Die deutsche Inflation 1914 – 1924 und die

GRIN - Verlag für akademische Texte

Der GRIN Verlag mit Sitz in München hat sich seit der Gründung im Jahr 1998 auf die
Veröffentlichung akademischer Texte spezialisiert.

Die Verlagswebseite www.grin.com ist für Studenten, Hochschullehrer und andere Akade-
miker die ideale Plattform, ihre Fachtexte, Studienarbeiten, Abschlussarbeiten oder Disser-
tationen einem breiten Publikum zu präsentieren.

Dokument Nr. V146962 aus dem GRIN Verlagsprogramm

Raik Dowedeit

Die deutsche Inflation 1914 – 1924 und die Gruppe der Großunternehmer

GRIN Verlag

Bibliografische Information der Deutschen Nationalbibliothek: Die Deutsche Bibliothek
verzeichnet diese Publikation in der Deutschen Nationalbibliografie; detaillierte bibliografische Daten sind im Internet über http://dnb.d-nb.de/ abrufbar.

1. Auflage 2009
Copyright © 2009 GRIN Verlag
http://www.grin.com/
Druck und Bindung: Books on Demand GmbH, Norderstedt Germany
ISBN 978-3-640-56922-9

Universität Rostock
Philosophische Fakultät
Historisches Institut
SS 2008
Hauptseminar: Die Geschichte der deutschen Inflation 1914-1924

Die deutsche Inflation 1914 – 1924
und
die Gruppe der Großunternehmer

Raik Dowedeit

Geschichte (EF)
Politik (ZF)

Inhalt

Einleitung

Bei der Betrachtung der großen deutschen Inflation während der ersten Jahre der Weimarer Republik, ist auffällig, dass besonders das Jahr 1923, die Hyperinflation der breiten Öffentlichkeit im Gedächtnis geblieben ist. Jedoch war diese nur der Höhepunkt einer Inflation, die sich über den Zeitraum von etwa zehn Jahren bereits mit dem Ausbruch des Ersten Weltkrieges entwickelte. Bereits seit Beginn des Ersten Weltkrieges 1914 vermehrte sich in Deutschland die umlaufende Geldmenge und führte zu einer kontinuierlichen Geldwertverschlechterung und sinkenden Kaufkraft. Mit der militärischen Niederlage 1918 blähte sich die Geldmenge weiter auf. Nach Bekanntgabe der im Londoner Ultimatum von 1921 festgesetzten Höhe der alliierten Reparationsforderungen beschleunigte sich die Inflation nochmals und weitete sich schließlich bis zur Hyperinflation, mit der damit verbundenen völligen Entwertung des Geldes, dem Verlust sämtlicher Sparguthaben und der fast völlig zum Erliegen kommenden Wirtschaft, aus. Vor allem die völlige Entwertung der als risikolos angesehenen Kriegsanleihen führte zu einem immensen Vertrauensverlust in den Staat und erwies sich als äußerst schweres Erbe für die Weimarer Republik.

Selbst heutzutage wird Inflation, bedingt durch die Erfahrungen der 1920er Jahre, von einem Großteil der Bevölkerung als etwas Negatives angesehen, das möglichst vermieden werden sollte. Jedoch sind sich Wirtschaftswissenschaftler einig: Eine Inflation kann nicht nur wirtschaftliche Nachteile, sondern auch Vorteile mit sich bringen. Auch zur Zeit der Deutschen Inflation können diese wirtschaftlichen Vorteile nachgewiesen werden, auch wenn sie von den großen Schäden des Krieges und den durch die Hyperinflation entstandenen Verlusten überschattet wurden.

Die hier vorliegende Seminararbeit beschäftigt sich mit eben dieser großen deutschen Inflation von 1914 bis 1923, ihren Ursachen, dem Verlauf und den wirtschaftlichen Folgen.

Um den Einstieg in die Thematik zu erleichtern, wird im ersten Teil kurz auf den Inflationsbegriff und die unterschiedlichen Inflationstypen eingegangen werden.

Der Hauptteil wird sich schließlich mit dem Verlauf der Inflation beschäftigen. Dabei soll vor allem auf die volks- und privatwirtschaftlich beeinflussenden

Faktoren der Inflationsentwicklung eingegangen werden. Die verschiedenen innenpolitischen Ereignisse und Krisen, sowie die oft behandelten sozialen Errungenschaften und die Arbeiterbewegungen werden dabei nur kurz erwähnt werden. Der letzte Abschnitt dieser Arbeit beschäftigt sich schließlich mit der Gruppe der Großunternehmer und ihrem agieren während der Inflationszeit. Dabei soll abschließend dargestellt werden, inwieweit das Großunternehmertum von den Auswirkungen der Inflation profitieren konnte.

1. Der Inflationsbegriff

Nach der lateinischen Übersetzung bedeutet der Begriff Inflation Aufblähung und ist ein anhaltender Prozess der Geldentwertung, der seinen Ausdruck in einem Anstieg des Preisniveaus findet. Der Grad der Inflation wird gemessen am Anstieg eines das allgemeine Preisniveau am besten widerspiegelnden Preisindex.[1] Nach Erscheinungsform betrachtet werden Inflationen in offene Inflation und zurückgestaute Inflation unterschieden. Dabei existiert in beiden Fällen eine Güterlücke, das heißt ein Überhang der nominalen Nachfrage über das real existierende Angebot. Alle historisch bedeutsamen Inflationen gingen von einer Steigerung der nominalen Nachfrage aus und waren mit einer anhaltenden Steigerung der Geldmenge verbunden, welche über das Wachstum des realen Angebots hinausging.[2]

Bei dem Typ der zurückgestauten Inflation kommt es zu einem direkten Eingreifen des Staates auf die Preisbildung zuvor freier Märkte, wie zum Beispiel für Lebensmittel, um Preissteigerungen entsprechend den Knappheitsrelationen zu verhindern. Dagegen wird in der offenen Inflation die Güterlücke durch Preissteigerung geschlossen. Die offene Inflation zeigt sich also in einer Steigerung des Preisniveaus, die über einen längeren Zeitraum anhält.[3] Als Prozentzahl ist die Inflationsrate zu unterscheiden von der absoluten Veränderung des gemessenen Preisindex. Nach dem Ausmaß des Anstiegs wird zwischen verschiedenen Inflationstypen unterschieden. Bei einem Anstieg des Preisindex von etwa fünf bis zehn Prozent wird von einer schleichenden Inflation gesprochen. Liegt der prozentuale Anstieg des Preisindex zwischen zehn und fünfzig Prozent pro Jahr wird dies als trabende Inflation, ab fünfzig Prozent pro Jahr als galoppierende Inflation bezeichnet. Kommt es zu einem monatlichen prozentualen Anstieg des Preisindex von über fünfzig Prozent, wie es 1923 in Deutschland der Fall war, so wird heute von einer Hyperinflation gesprochen.[4]

---

[1] Meyers Lexikon-Online, http://lexikon.meyers.de/wissen/Inflation+(Sachartikel), Stand: 15.01.2009.
[2] Holtfrerich, Carl-Ludwig: Die deutsche Inflation 1914 – 1923. Ursachen und Folgen in internationaler Perspektive. Berlin 1980, S. 9.
[3] Vgl. ebd., S. 9f.
[4] Vgl. ebd., S. 10, vgl. auch: Meyers Lexikon-Online.

2. Entwicklung und Verlauf der Inflation

2.1. 1914 – 1918: Die zurückgestaute Inflation

Die Finanzierung des Ersten Weltkrieges kann als eine der Hauptursachen der Deutschen Inflation bezeichnet werden. Auf Grund der entstandenen Güterknappheit hatten alle am Krieg beteiligten Staaten mit der dadurch bedingten Teuerung zu kämpfen. Das Deutsche Reich bildete insofern eine Ausnahme, da nicht nur kriegsbedingte Knappheiten, sondern auch die Kriegsfinanzierung als Ursache für die Inflation angesehen wird.[5] Die erste Phase, die schleichende Inflation, ist also bereits 1914 mit dem Ausbruch des ersten Weltkrieges eingeleitet worden.

Das Deutsche Reich stützte die Stabilität seiner Währung auf Gold, das bedeutete, dass Geld und Sparguthaben jederzeit in Gold umgetauscht werden konnten. Angesichts des gerade ausgebrochenen Krieges verabschiedete die Reichsregierung im August/September 1914, um die staatlichen Goldreserven zu erhalten, mehrere Gesetze, die den Umtausch von Banknoten und Münzen in Gold unterbanden und die Golddeckung der Mark aufhoben. Anstelle von Gold wurden nun sogenannte Darlehenskassenscheine und Schuldverschreibungen des Reiches herausgegeben.[6] Die Golddeckung der Mark wurde in der Primärdeckung von drei auf ein Drittel herabgestuft und in der zwei Drittel Sekundärdeckung wurden sog. ‚Schatzscheine‘ den Handelswechseln gleichgesetzt. Dadurch war einer Geldmengenausdehnung nach jeweiligem Bedarf durch die Notenpresse freier Lauf gelassen. 1916 verschärfte sich die Situation erneut, da nun auch die Handelswechsel in die Primärdeckung der Mark aufgenommen wurden. Somit ließ sich die Grundlage zur Notenausgabe uferlos ausdehnen.[7] So war die Reichsbank in der Lage, durch so genannte Schatzanweisungen, dem Reich nach Bedarf

---

[5] Vgl. Specht, Agnete von: Politische und wirtschaftliche Hintergründe der deutschen Inflation 1918 – 1923. Frankfurt/Main 1982, S. 9, vgl. auch: Kerstingjohänner, Helmut: Die deutsche Inflation: 1919 – 1923. Politik und Ökonomie. Frankfurt/Main 2004, S. 27ff.

[6] Vgl. Hughes, Michael L.: Econonic Interest, Social Attitudes and Creditor Ideology: Popular Responses to Inflation. In: Feldman, Gerald D.: Die deutsche Inflation – Eine Zwischenbilanz, Berlin 1982, S. 387.

[7] Vgl. Roesler, Klaus: Die Finanzpolitik des Deutschen Reiches im ersten Weltkrieg, Bonn, 1967, S. 38.

Finanzierungsmittel zuzuführen.[8] Dadurch vermehrte sich die umlaufende Geldmenge, jedoch besaß diese keinerlei Gegenwert.

Das deutsche Reich finanzierte seine Kriegsausgaben zu circa 70% durch inländische Kreditaufnahme. Zumeist über die, insgesamt neun, ausgegebenen Kriegsanleihen an die Bevölkerung und die Schatzanweisungen. Der Rest stammte aus Steuern und dem gestiegenen Geldvolumen.[9] Der geringe Anteil der Steuereinnahmen an den Kriegskosten begründete sich auf das föderale Steuersystem des Deutschen Reiches. Danach besaß das Reich nur beschränkte Steuereinnahmequellen, wie zum Beispiel auf Tabakwaren und die später eingeführten Verbrauchssteuern, und Zölle. Jedoch brachen die Zolleinnahmen mit Beginn des Krieges zunehmend weg.[10] Deutschland war auf keinen längeren Krieg vorbereitet. Bei Kriegsbeginn reichte der Kriegsschatz zur Finanzierung der Kriegskosten von zwei Tagen. Nach dem Vorbild des Kriegs von 1870/71 sollten die Kosten dem Gegner beim Friedensschluss auferlegt werden. Daher verzichtete die Reichsregierung bis 1916 auf Steuererhöhungen und nahm zur Deckung der laufenden Militärausgaben die Kriegskredite auf, die als Anleihen einen Teil des seit Kriegsbeginn vermehrten Geldumlaufs abschöpften.[11]

Erst 1916 begann das Reich mit der Erhöhung und Neueinführung von Steuern. Im Frühjahr wies der Voranschlag des Haushalts erstmals Defizite auf und die im Herbst desselben Jahres, im so genannten Hindenburgprogramm durchgesetzte Verstärkung der Rüstungsanstrengungen zeigten, dass die bisherigen Finanzierungsquellen für die Befriedigung des Kriegsbedarfs nicht ausreichten. Daher beschloss der Reichstag in den folgenden Jahren die verschiedenen Steuererhöhungen und Erhebungen neuer Steuern, wie beispielsweise die 1918 weiter ausgebaute Umsatzsteuer.[12]

Gleichzeitig zog der Staat die Goldreserven des Volkes ein und gab zum Ausgleich Papiernotgeld aus. Der Münzanteil an der Reichswährung schrumpfte von 3,7 Milliarden Mark 1914 auf 0,2 Milliarden Mark 1918,

---

[8] Vgl. Kerstingjohänner, 2004, S. 30, vgl. auch Specht, 1982, S. 9.

[9] Vgl. Hardach, Karl: Wirtschaftsgeschichte Deutschlands im 20. Jahrhundert (1914 – 1970). 3. Aufl., Göttingen 1993, S. 17.

[10] Vgl. Henning, Friedrich-Wilhelm: Das industrialisierte Deutschland 1914 bis 1986. 6. ergänzte Aufl., Paderborn u.a. 1988, S. 44.

[11] Vgl. http://www.dhm.de/lemo/html/wk1/wirtschaft/index.html, Stand : 15.01.2009.

[12] Vgl. Holtferich, 1980, 113f.

während sich die Papiergeldmenge von Kriegsbeginn bis 1918 versechsfachte.[13]

Die Finanzierung der Kriegsausgaben des Deutschen Reiches von insgesamt rund 150 Mrd. Mark erfolgte hauptsächlich durch die Kriegsanleihen. Sie brachten rund 100 Mrd. Mark, während die restlichen Kosten durch Schatzwechsel, Schatzanweisungen und ähnlichen Schuldverschreibungen, aber nur zu einem kleinen Teil aus Steuern und Kriegsabgaben aufgebracht wurden.[14]

Durch diese in den Kriegsjahren genutzten Instrumente der Geldschöpfung vergrößerte sich die umlaufende Geldmenge letztendlich von sieben Milliarden Mark im Jahr 1914 auf fast dreißig Milliarden Mark im Jahr 1918, wobei etwa zehn Milliarden Mark an Darlehenskassenscheinen eingerechnet sind.[15] Während des Krieges kam die Inflation jedoch trotz der gewaltigen Geldschöpfung nicht voll zum Ausdruck, da Preissteigerungen für Rohstoffe und Lebensmittel durch Preisstopps unterhalb der Markttendenz gehalten wurden. Holtfrerich definiert die Kriegsjahre daher als eine zurückgestaute Inflation.[16]

Die durch das Deutsche Reich betriebene Kriegsfinanzierung kann durchaus als eine Art Fehlfinanzierung eingeschätzt werden. Anders als Kriegsanleihen und Kredite hätten Steuereinnahmen nicht zurückgezahlt werden müssen. Trotzdem wurde nur ein geringer Teil durch Steuern finanziert. Aus der betriebenen Form der Kriegsfinanzierung, welche nur funktionieren konnte, wenn der Krieg gewonnen wäre, ergab sich so eine enorme Staatsverschuldung von 164 Milliarden Mark. Da die Wirtschaft durch den staatlichen Einfluss und die Ausrichtung auf den Krieg immer weniger zivile Güter produzierte, stagnierte das Angebot an Waren und war in vielen Bereichen sogar rückläufig. Der Wert der Mark im Welthandel sank, während am Devisenmarkt der Wert des Dollars immer stärker anstieg.

---

[13] Vgl. Henning, 1988, S. 43f.
[14] Vgl. Holtfrerich, 1980, S. 114.
[15] Vgl. Henning, 1988, S.45f
[16] Vgl. Holtfrerich, 1980, S. 76.

2.2. 1918 – 1922: Die offene Inflation

Mit der militärischen Niederlage des Deutschen Reiches und der Revolution von 1918/19 begann die zweite Phase der großen deutschen Inflation. Die Beendigung des Krieges beseitigte nicht die damit zusammenhängenden wirtschaftlichen und sozialen Probleme. Auf Grund der zunächst noch aufrechterhaltenen und schließlich nach und nach gelockerten Blockade kam zu den bereits vorhandenen Versorgungslücken die Knappheit der staatlichen Mittel, der bestehende und sich vergrößernde Geldüberhang, die verzögerte Ersetzung der Kriegsproduktion durch Zivilwirtschaft und vor allem die, durch den Friedensvertrag von Versailles festgelegten Gebietsabtretungen und Reparationsforderungen.[17] So blieben die Staatsschulden und Kriegskosten, die nach einem gewonnenen Krieg auf die Besiegten umverteilt werden sollten, bei Deutschland. Hinzu kamen die hohen Kriegsfolgekosten. Dazu gehörten die Leistungen für die Rückführung und Entlassung des Heeres, für die Kriegsopferversorgung, für die Erwerbslosen- und Flüchtlingsfürsorge, für die Wohnungsbeschaffung und Lebensmittelimporte, sowie die Kosten für die militärische und zivile Demobilmachung. Also die Mittel, die benötigt wurden, um die Soldaten nach Deutschland zurückzuführen und diese in das gesellschaftliche Leben neu zu integrieren, aber auch die Wirtschaft von der Produktion von Kriegsgütern auf zivile Produkte umzustellen. Die am 9. November 1918 ausgerufene Republik trat eine schwere Hypothek an. Vor allem die hohen Reparationsauflagen und der Verfall des Geldwertes waren für das wirtschaftliche Chaos der ersten Jahre der Weimarer Republik verantwortlich.[18] Hauptursache der deutschen Geldentwertung waren die Budgetdefizite. Schon während der letzten Kriegsjahre hatten sich diese eingebürgert und wuchsen danach weiter an. Angesichts weit verbreiteter sozialer Unruhe und mehrerer Sezessionsversuche meinte die neue Regierung, dass eine Erhöhung der Steuern nicht zu verantworten wäre. So vermied sie, die äußerst schlechte wirtschaftliche Lage Deutschlands „und die

---

[17] Vgl. Henning, 1988, S. 51.
[18] Vgl. Hardach, 1993, S. 23.

Notwendigkeit, den Riemen enger zu schnallen"[19], mit aller Offenheit darzulegen.[20]

Mit der Unterzeichnung des „Versailler Vertrages" am 28.06.1919 kamen noch unvorstellbarere Lasten, in Form der Reparationsforderungen und Gebietsabtretungen, auf die Weimarer Republik zu. So verlor Deutschland durch die Gebietsabtretungen nicht nur ein Achtel seines Bodens, sondern damit auch ein Drittel seiner Kohlen-, ein Halb seiner Blei-, zwei Drittel seiner Zink und drei Viertel seiner Eisenerzvorkommen.[21] Außerdem verlor es etwa zehn Prozent seiner Bevölkerung und fünfzehn Prozent seines Ackerlandes. Diese Verluste sowie der Verzicht auf alle Kolonien hatten zur Folge, dass Deutschland mehr als zuvor vom Import ausländischer Nahrungsmittel und Rohstoffe angewiesen war, während es gleichzeitig fast seine komplette Handelsflotte an die Alliierten abgeben musste. Dies bedeutete eine zusätzliche Belastung für Deutschlands Zahlungsbilanz. Auch zerrissen die neuen Staatsgrenzen bestehende Wirtschaftsbeziehungen und Verkehrsnetze und machten kostspielige Anpassungsprozesse notwendig.[22]

Zu den enormen Einnahmeverlusten, der Einfrierung der deutschen Auslandsvermögen, der Sachlieferungen und den territorialen Verlusten kam die vorerst noch offene Summe der zu leistenden Reparationen, die Deutschland aufgrund des Versailler Vertrages zu leisten hatte. Die anfänglichen Reparationsforderungen der Alliierten entsprachen fast dem gesamten deutschen volkswirtschaftlichem Realvermögen der Vorkriegszeit. Auch die Zinsen der Reparationsschuld trugen ihr Eigenes bei.[23]

Die Abtretung von Territorien an die Entente-Staaten, die fehlenden Ersatzinvestitionen seit 1914 und der dadurch marode Maschinenapparat, die schlechte Rohstoffversorgung und fehlende Arbeitskräfte führten dazu, dass die Produktion im Jahre 1919 nur etwa 40% des Standes von 1913 erreichte.[24]

Der Versuch die Inflation von der wirtschaftlichen Seite her zu bekämpfen stand

---

[19] Ebd.
[20] Vgl. ebd.
[21] Vgl. Neu, Axel D.: Die Weimarer Republik im Strudel von Reparation und Inflation., In: Antiker Wertpapier Spiegel, Heft 48/49, Frankfurt/Main 1978, S. 7.
[22] Hardach, 1993, S. 24.
[23] Vgl. Neu, 1978, S. 12.
[24] Vgl. Wagenführ, R.: Die Industriewirtschaft. Entwicklungstendenzen der deutschen und internationalen Industrieproduktion 1860 bis 1932. Vierteljahreshefte zur Konjunkturforschung, Sonderheft 31, Berlin, 1933, S.22.

daher unter sehr schlechten Vorzeichen. Doch auch von finanzieller Seite her gelang es nicht, das Preisniveau zu senken. Die immense schwebende Schuld von etwa 65 Mrd. Mark Anfang 1919 wurde noch durch die Versorgung von Hinterbliebenen und Invaliden, Schadensersatzansprüchen von Unternehmen sowie den überzogenen Reparationsansprüchen aus dem Versailler Vertrag der Alliierten vergrößert. Demzufolge vergrößerte sich die Geldmenge derartig, dass im Juni 1919 die Primärdeckung lediglich zu 12% durch Gold und schon zu 88% durch Darlehenskassenscheine gegeben war. Die Sekundärdeckung schließlich belief sich fast ausschließlich auf Schatzanweisungen. Um jedoch langfristig die Belastungen für den Haushalt zu reduzieren musste man ordentliche Einnahmequellen schaffen. Das Steuersystem des Kaiserreiches ließ ausreichende ordentliche Einnahmeverbesserungen nicht zu, so dass eine Finanzreform unumgänglich war. Um die ordentlichen Ausgaben zu decken hätte der Staat eine Steuerquote von 35 Prozent des Volkseinkommens, im Vergleich zu 11-12 Prozent vor dem Krieg, benötigt.[25] Die Verdoppelung der Steuerbelastung wäre innenpolitisch wohl kaum möglich gewesen. Es gab vor allem von privatwirtschaftlicher Seite Befürchtungen bezüglich der Steuerpolitik des Reiches. Zudem profitierte die Privatwirtschaft auch von der Inflation, da man sich der Inflationssteuer entziehen konnte und diese keinen sozialen Kriterien unterworfen war. Unter anderem Reichsfinanzminister Schiffer stand der Privatwirtschaft sehr nahe. Er blockte schließlich auch die von den Volksbeauftragten angekündigte Kriegsgewinnbesteuerung. Er verwies dabei auf steuertechnische Schwierigkeiten und erklärte nur die Nationalversammlung dürfe solche Entscheidungen treffen. Die Volksbeauftragten unternahmen daraufhin keine weiteren Versuche den Haushalt durch ordentliche oder außerordentliche Steuergesetzgebungen zu entlasten. Auch während der Regierung Scheidemann wurde keine neue Steuergesetzgebung beschlossen. Schiffer legte im April 1919 zwar einen finanzpolitischen Stufenplan vor, der die Finanzierung durch Schatzanweisungen jedoch beibehielt.[26] Erst mit der 1919 durchgeführten Erzbergerschen Finanzreform entschloss sich die Regierung, die schwebende Schuld durch eine Steuererhebung abzubürden. Dies lieferte der Republik

---

[25] Vgl. Holtfrerich, 1980, S. 134f.
[26] Vgl. Specht, 1982, 10ff.

rasch größere Mehreinnahmen. Die Erzbergersche Steuerreform brachte eine Vereinheitlichung des Steuerrechts und schuf eine einheitliche Reichsfinanzverwaltung, durch die eine Umverteilung der Staatseinnahmen stattfand, die aus höheren Steuereinnahmen resultierte, und dadurch die Staatseinnahmen gegenüber der Ausgaben stiegen. So gelang es, die durch Steuern auf Einkommen und Vermögen finanzierten Reichsausgaben bis 1921 zu erhöhen und die Inflation in dieser Zeit zu verlangsamen.[27] Auch ausländische Anleger investierten und spekulierten ab dem Frühjahr 1920 wieder vermehrt in die deutsche Währung. Jedoch hielt die Zuversicht in die deutsche Währung nicht lange an und so setzte sich die Entwertung der Währung durch die Aufnahme immer neuer Kredite im In- und Ausland fort.[28] Dadurch sank ab 1921 die Investitionsbereitschaft wieder. Die Ungewissheit über das zukünftige Ausmaß der Zahlungsverpflichtungen dürfte, nach Holtfrerich, bei der Destabilisierung der finanziellen Situation Deutschlands getragen haben.[29] Die genaue Summe der Reparationszahlungen war im Versailler Vertrag offen geblieben, da die Siegermächte nicht zur Einigung darüber kamen. So wurde anfangs über Zahlen zwischen 500 und 800 Milliarden Mark diskutiert. Im Juni 1920 wurden schließlich zunächst 269 Milliarden festgelegt. Erst auf der Interalliierten Konferenz in Paris, die vom 24. bis zum 29. Januar 1921 stattfand, einigte man sich über einen ersten Reparationsplan.[30] Die auf dieser Pariser Konferenz festgelegte deutsche Gesamtschuld betrug nun 226 Milliarden Goldmark. Anfang März wurde die Reichsregierung ultimativ aufgefordert, diese Pariser Beschlüsse anzunehmen, oder befriedigende Gegenvorschläge zu machen, andernfalls würden Sanktionen folgen. Am 8. März 1921 besetzten französische Truppen schließlich Düsseldorf, Duisburg und Ruhrort, da die Reichsregierung die Annahme der Pariser Bedingungen verweigerte.[31]

---

[27] Vgl. Webb, Steven B.: Hyperinflation and Stabilization in Weimar Germany, Washington D.C., 1988, S.66.

[28] Vgl. Ambrosius, Gerold: Von Kriegswirtschaft zu Kriegswirtschaft (1914-1945). In: North, Michael/Ambrosius, Gerold (Hg.): Deutsche Wirtschaftsgeschichte : ein Jahrtausend im Überblick. München 2005, S. 311.

[29] siehe Holtfrerich, 1980, S. 143.

[30] Vgl. Hardach, 1993, S. 32.

[31] Vgl. Kolb, Eberhardt: Die Weimarer Republik. 6., überarb. und erw. Aufl., München 2002, S. 46.

„Ganz ohne Eindruck waren die deutschen Proteste indessen nicht geblieben."[32] Auf der Londoner Konferenz im April 1921 setzte die alliierte Reparationskommission den Gesamtbetrag der Reparationen auf 132 Milliarden Goldmark fest und stellte zugleich einen Zahlungsplan, den sog. Londoner Zahlungsplan", auf. Am 6. Mai 1921 traf dieser Zahlungsplan in Form des „Londoner Ultimatums" in Berlin ein, das bei Nichtannahme die sofortige Besetzung des Ruhrgebiets androhte. In Anbetracht der durch die Reparationsverpflichtungen innenpolitischen Spannungen war die Regierung Fehrenbach zurückgetreten und am 10. Mai 1921 nahm die neue Regierung Wirth, das Londoner Ultimatum ohne Einschränkung an. Damit begann in den Jahren 1921/22 die Phase der „Erfüllungspolitik", der die Intention zugrunde lag, die Unerfüllbarkeit der Reparationsforderungen zu beweisen und so deren Revision zu erreichen.[33]

Der Währungsverfall beschleunigte sich durch die innenpolitische Auseinandersetzung. Der Reichsetat war durch Steuereinnahmen, Zölle und Abgaben nicht mehr zu decken. Der Schuldendienst Deutschlands lag bei 126% der Staatseinnahmen. Die steigende Verschuldung und die zur Tilgung der Reparationen in großem Umfang durchgeführte Devisenanschaffung ließen den Kurs der Mark immer weiter abrutschen und die Notenpressen Geldmengen von immer größerem Umfang drucken. Der Reichsregierung wurde es bei allen Anstrengungen spätestens im September 1921 unmöglich die fälligen Reparationszahlungen zu leisten. Spätestens ab 1921 war das Loch im Finanzhaushalt der Weimarer Republik durch keine vernünftige finanzpolitische Maßnahme mehr zu füllen, außer durch eine einschneidende Währungsreform. Bis Dezember 1922 wuchs das innere Defizit der Weimarer Republik bereits auf 469 Milliarden Mark an.[34] Mit dafür verantwortlich war auch das 1921 verabschiedete Reichsbankgesetz, dass es zuließ, die Dritteldeckungsvorschrift der Mark von 1921 bis 1923 außer Kraft zu setzen, ermöglichte dem Finanzminister den ungehinderten Zugang zur kurzfristigen, die inflationäre Entwicklung fördernde Verschuldung bei der Reichsbank.[35] Durch den starken Anstieg der Inflation wurde der Anteil der Steuerfinanzierung

---

[32] Ebd.
[33] Vgl. ebd. S. 46f.
[34] Vgl. ebd., S. 45.
[35] Vgl. Holtfrerich, 1980, S. 167.

immer weiter zurückgedrängt, da zwischen Erhebung und Erhalt der Steuern zu viel Zeit verstrich und somit die Steuereinnahmen wesentlich an Wert verloren. Zudem erhöhte sich die schwebende Schuld in diesem Zeitraum von 166 Mrd. Mark in 1920 auf 270 Mrd. Mark in 1922, der Umlauf an Banknoten von 45 Mrd. im März 1920 auf 130 Mrd. Mark im März 1921. Ab Juni 1921 stieg zudem die Umlaufgeschwindigkeit des Geldes durch das schwindende Vertrauen der Bevölkerung in ihre Währung und erhöhte so das Preisniveau.[36] Schließlich kam es 1922 vermehrt zur Krise auf dem Kreditmarkt. Bedingt wurde dies durch rasant steigende Faktorkosten, findige Spekulanten, die immer größere Kredite nachfragten und dem Rückgang des Giroverkehrs. Der bargeldlose Zahlungsverkehr nahm rapide an Gewicht ab, da zwischen Auftrag und Zahlungseingang zu viel Zeit verging, so dass die Buchung massiv an Wert verlor. Nach Überlegungen der Reichsbank sollten vermehrt Wechsel im Zahlungsverkehr akzeptiert werden, unter der Annahme, dass von der Diskontierung der Handelwechsel keine inflationäre Wirkung ausgehen würde. So stieg der Bestand der Handelswechsel bei der Reichsbank von 1 Mrd. im Verlauf von 1922 auf 422 Mrd. an. Dazu kamen noch 1185 Mrd. in Reichsschatzanweisungen, die als Grundlage für die Notenpresse dienten.[37] Ab Mitte des Jahres 1922 wurde die einsetzende Hyperinflation schließlich erkennbar.[38]

---

[36] Vgl. Neu, 1978, S. 27ff.
[37] Vgl. Blaich, F.: Der schwarze Freitag – Inflation und Wirtschaftskrise, München, 1994, S. 46.
[38] Vgl. Holtfrerich, 1980, S. 144.

2.3.1923: Die Hyperinflation

Etwa zeitgleich mit der Ermordung des Außenministers Walther Rathenau am 24. Juni 1922 begann die Phase der Hyperinflation im Juli 1922. In Anbetracht der desolaten innenpolitischen Situation begann sich der Währungsverfall rasant zu steigern.[39] Ausländische Anleger zogen ihr Vermögen, wenn es nicht bereits völlig wertlos geworden war, aus Deutschland zurück.[40] Einen letzten Versuch die Haushaltsdefizite auszugleichen ohne enorme Steuererhöhungen vorzunehmen unternahm die Reichsregierung schließlich am 20. Juli 1922 mit dem „Gesetz über die Zwangsanleihe". Da auf Grund des Vertrauensverlust in die deutschen Anleihen auf freiwilliger Basis keine Anleihen mehr gezeichnet wurden, sollten nun alle natürlichen und juristischen Personen, die am 1. Januar 1922 vermögenssteuerpflichtig waren und ein Vermögen von mehr als 100.000 Mark besaßen zur Zeichnung der neuen Anleihe verpflichtet werden. Zum Zeitpunkt des Inkrafttretens hätte diese Anleihe einem Wert von 1,7 Milliarden Goldmark entsprochen. Doch wurde das Zeichnungsergebnis förmlich von der Inflationswelle des zweiten Halbjahres 1922 überrollt. In Vorkriegskaufkraft war der gesamte Anleiheerlös bis Ende 1922 auf 100 Millionen Goldmark zusammengeschmolzen.[41] Ein Grund hierfür ist sicherlich in der Beantragung des Verzugs aller Zahlungen, ausgenommen der Sachlieferungen, zu sehen, zu der sich die deutsche Regierung im Juli gezwungen sah. Dadurch sank der Wert der Mark ins Bodenlose. Frankreich sah sich nun in seiner aktiven Revisionspolitik ermutigt, und forderte für die Aussetzung der Zahlungen produktive Pfänder von der deutschen Regierung. Die Regierung Wirths versuchte vergeblich dem Druck Frankreichs entgegenzuwirken und trat schließlich auf Grund des innenpolitischen Scheiterns einer „Großen Koalition"[42] am 14. November 1922 zurück.[43] Damit nahm die Phase der „Erfüllungspolitik" ihr Ende. Jedoch war es auch der nachfolgenden Regierung Cuno nicht möglich das scheinbar Unausweichliche abzuwenden. Rückstände ließen sich bei der Höhe der Forderungen nicht

---

[39] Vgl. Kolb, 2002, S. 50.
[40] Vgl. Neu, 1978, S. 47f.
[41] Vgl. ebd., S. 32f.
[42] Kolb, 2002, S. 50..
[43] Vgl. ebd., 50f.

vermeiden und so war Deutschland im Jahr 1922 gegenüber Frankreich, vor allem in Sachlieferungen, Holz und Kohle, in Rückstand gekommen.[44] Frankreich unterstellte Deutschland eine absichtliche Verfehlung bei der Tilgung ihrer Reparationsverpflichtungen. Gegen den Widerspruch Großbritanniens besetzten französische und belgische Truppen am 11. Januar 1923 das Ruhrgebiet.[45]

Der Einmarsch im Ruhrgebiet schlug eine Welle der Empörung und entfachte den Nationalgeist der Deutschen aufs Neue, wie es seit Ausbruch des Ersten Weltkrieges nicht mehr der Fall gewesen war. Militärische Aktionen schieden im Ruhrkampf aus, daher forderte der Reichskanzler Cuno die Bevölkerung zum „passiven Widerstand" auf.[46] Die Gesamte Bevölkerung im Ruhrgebiet wurde zum Streik aufgerufen, besonders Eisenbahnangehörigen und anderen Beamten wurde befohlen, den Weisungen der Besatzungsmacht auf keinen Fall Folge zu leisten. Daraufhin entließen die Besatzer etwa 180.000 Beamte und errichteten ihre eigene Zivil- und Transportverwaltung. Die Industriearbeiter und die normale Bevölkerung im allgemeinen leistete bei schweren Entbehrungen hartnäckig passiven Widerstand und verweigerte über acht Monate die Zusammenarbeit.[47] Zu Beginn schien der passive Widerstand recht erfolgreich, wer von den französischen Besatzern entlassen oder des Landes verwiesen worden war, ebenso die Familien Erschossener, wurde von der Reichsregierung finanziell unterstützt.[48] Doch hatte dies verheerende Auswirkungen auf die Inflation. Mit seiner ohnehin zerrütteten Währung musste die Weimarer Republik die Bevölkerung des besetzten Gebietes finanziell und mit Sachleistungen unterstützen. Jedoch fielen die Einnahmen aus Steuern und Rohstoffverkaufserlösen, sowie die Kohlelieferungen in das unbesetzte Gebiet aus dem hochbesiedelten Ruhrgebiet weg. Schon ab April 1923 konnte der dadurch sprunghaft angestiegene Finanzbedarf des Reiches nur noch zu einem Siebtel aus regulären Einnahmen gedeckt werden, während der Rest von der Notenpresse finanziert wurde.[49]

---

[44] Vgl. Henning, 1988, S. 57.
[45] Vgl. Neu, 1978, S. 33f.
[46] Vgl. ebd., S. 34.
[47] Vgl. Hardach, 1993, S. 36.
[48] Vgl. ebd.
[49] Vgl. Kolb, 2002, S. 52.

Auf Dauer schadete der passive Widerstand der deutschen Wirtschaft mehr als der französischen. So wurde er von der Reichsregierung im September 1923 aufgehoben. Jedoch erfolgte die Räumung des Ruhrgebietes erst nach der Stabilisierung der Währung und der Neuregelung der Reparationszahlungen durch den Dawes-Plans im August 1924. Im Sommer 1925 marschierten die letzten Truppen aus dem Ruhrgebiet.[50]

Für die deutsche Währung war das Ergebnis der Hyperinflation des Jahres 1923 verheerend. Konnte sich der Kurs der Mark zum Dollar Anfang des Jahres 1923 noch kurzzeitig stabilisieren, so brachen ab Juli desselben Jahres alle Dämme. Zur Abwicklung des alltäglichen Zahlungsverkehrs wurden riesige Mengen Geldscheine benötigt. So kostete beispielsweise ein Kohlrabi mittlerer Güte inzwischen 50 Milliarden Mark und die Beförderung eines einzelnen Briefes nunmehr 100 Millionen Mark. Die Reichsregierung konnte die nun ins uferlose gestiegenen Ausgaben nur noch mit der Notenpresse finanzieren. Dabei konnte die Notenpresse der Reichsbank nicht mithalten. Auf dem Höhepunkt der Hyperinflation bis zum Herbst 1923 waren mehr als 100 Fremdfirmen, Tag und Nacht, mit dem Geldscheindruck beschäftigt.[51]

Bis Ende Juni 1923 hatte der 5-Millionen-Markschein den größten Nominalwert im Papiergeldumlauf, dann erhöhten sich die Nennwerte der Geldscheine immer schneller. Im Juli wurde der 50-Millionen-Markschein eingeführt, im August der 100-Millionen-Schein, im September folgte bereits der 10-Milliarden-Schein und als höchsten Wert ließ die Reichsbank einen Geldschein mit einem Wert von 100 Billionen Mark im Oktober drucken. Trotzdem reichte die produzierte Geldmenge nicht mehr aus und die Druckmaschinen konnten den unheimlichen Wertverlust nicht mehr durch vermehrten Notendruck ausgleichen.[52] Deshalb wurde von Städten, Gemeinden und Unternehmen, wie beispielsweise der Daimler-Motoren-Gesellschaft[53] eigenes Notgeld herausgegeben. Alles, was wie Geld aussah oder wertbeständig wirkte, wurde als Zahlungsmittel verwendet. Die Mark als Währung war eigentlich nicht mehr

[50] Vgl. Henning, 1988, S. 58.
[51] Vgl. Neu, 1978, S. 43.
[52] Vgl. ebd., S. 43ff.
[53] siehe dazu: Buschmann, Birgit: Unternehmenspolitik in der Kriegswirtschaft und in der Inflation: Die Daimler-Motoren-Gesellschaft 1914-1923. Vierteljahrschrift für Sozial- und Wirtschaftsgeschichte – Beihefte, Band 144, Stuttgart 1998, S. 391.

existent. Löhne wurden teilweise täglich ausgezahlt, Waren aller Art wurden getauscht statt bezahlt, jeder versuchte das verdiente Geld so schnell wie möglich auszugeben und Landwirtschaftler weigerten sich ihre Waren gegen das wertlose Geld einzutauschen. Als am 13. August die neue Regierung unter Stresemann, einen Tag nach dem Rücktritt der Regierung Cuno, die Regierungsgeschäfte aufnahm, befand sich die Inflation auf ihrem Höhepunkt. Das Wirtschaftsleben war fast vollständig zum Erliegen gekommen. Am 15. November, als das deutsche Währungssystem völlig zusammenbrach, lag die schwebende Schuld des deutschen Reiches bei 191 Trillionen Mark. 99% der kurzfristigen Schuldtitel befanden sich im Portfolio der Reichsbank, das Kreditvolumen der Darlehenskassen belief sich auf 2 Trillionen Mark und das Papiergeld erreichte seinen Höchststand von fast 500 Trillionen Mark. Hinzu kamen noch etwa 200 Trillionen Mark Notgeld.[54] Der Kurs der Mark hatte seinen tiefsten Punkt erreicht. Für einen Dollar bezahlte man jetzt 4,2 Billionen Mark.[55]

---

[54] Vgl. Specht, 1982, S. 146, vgl. auch Henning, 1988, S. 70.
[55] Möller, Horst: Europa zwischen den Weltkriegen. München 1998, S. 259.

2.4. Die Währungsstabilisierung

Die rasant fortschreitende Inflation machte eine grundlegende Reform der Währung unumgänglich. Ein harter Währungsschnitt war zugleich Voraussetzung für die nach dem Ende des Ruhrkampfs von Reichskanzler Gustav Stresemann anvisierten Verhandlungen mit den Siegermächten des Ersten Weltkriegs über die deutschen Reparationen. Einen Monat nachdem Stresemann, am 26. September, den passiven Widerstand für beendet erklärt hatte, stellte die deutsche Regierung am 24. Oktober bei der Reparationskommission einen Antrag zur Durchführung einer Untersuchung über die wirtschaftliche Lage Deutschlands.[56]

Auch hatte schon seit einiger Zeit hatte der Gedanke einer Währungssanierung in der Luft gelegen, so dass am 15. Oktober 1923 die Rentenbank gegründet und mit der Ausgabe der Rentenmark beauftragt wurde.[57] Grundkapital der Deutschen Rentenbank, waren 3,2 Milliarden Rentenmark. Da die Weimarer Republik nicht über genügend Goldreserven zur Deckung der neuen Währung verfügte, mussten Landwirtschaft und gewerbliche Wirtschaft als Bürgen dienen. So übernahm die Landwirtschaft eine Grundschuld von 1,6 Milliarden Rentenmark, während die gewerbliche Wirtschaft Schuldverschreibungen von ebenfalls 1,6 Milliarden Rentenmark der Bank zu geben hatte. Beide Schuldbeträge wurden mit 6 Prozent durch die Rentenbank verzinst.[58] Die neue Währungsordnung trat am 15. November 1923 in Kraft und beendete damit schlagartig die Inflation. Am 23. November wurde der Wert einer Rentenmark mit dem Wert einer Billion Papiermark gleichgesetzt. Der Dollarkurs lag bei 4,2 Rentenmark, also 4,2 Billionen Papiermark. Die langfristige Stabilisierung gelang aber nur durch das Versiegen der wichtigsten Geldvermehrungsquelle. Mit Inkrafttreten der neuen Währungsverordnung endete das Recht des Reiches Schatzanweisungen bei der Reichsbank diskontieren zu lassen. Der einseitige Geldstrom von der Reichsbank über die Reichskassen in den volkswirtschaftlichen Kreislauf war damit unterbunden und trotz der Vermehrung des umlaufenden Bargeldes, nach dem Wert von 460

---

[56] Vgl. Kolb, 2002, S. 53.
[57] Vgl. Hardach, 1993, S. 37f.
[58] Vgl. Henning, 1988, S. 78

Millionen Goldmark am 15. November auf 2,3 Milliarden Goldmark am 31. Dezember 1923, blieb die neue Währung stabil.[59]

Die Rentenmark war jedoch nur als Übergangslösung zur Überwindung der Inflation eingeführt worden. Nach der Festsetzung des Wechselkurses Rentenmark zu Mark waren die Vorraussetzungen geschaffen, die beiden parallel existierenden Währungen zu einer einheitlichen Währung zu verschmelzen. Nach der Zusage von Auslandskrediten, konnte dies schließlich über den Weg der Golddiskontbank, im April 1924, mit der Wiedereinführung der Gold(-devisen)währung, entsprechend des Dawes-Plans am 30. August 1924 mit der Einführung der Reichsmark geschehen.[60]

---

[59] Vgl. ebd., S. 79.
[60] Vgl. Holtfrerich, 1980, S. 315.

3. Industrie und Großunternehmer während der großen deutschen Inflation

3.1. Die Kriegs- zur Übergangswirtschaft

Während des Ersten Weltkrieges waren Unternehmer und Industrie durch die Kriegswirtschaft einer staatlich kontrollierten Wirtschaft unterlegen. In dieser vom Staat auferlegten Zwangswirtschaft ging es vorrangig um die Herstellung kriegsnotwendiger Güter. Bis Sommer 1916 wurden staatliche Eingriffe in den Wirtschaftsprozess nur zögernd erweitert. Mit dem Hindenburg-Programm vom Herbst 1916 wurden schließlich verstärkt Anstrengungen unternommen, die Wirtschaft für den Krieg zu mobilisieren. So kam es zu einer regelrechten Gesetzes- und Verordnungsflut, die sich über die Wirtschaft ergoss.[61]

Dies hatte drastische Folgen für die Privatwirtschaft. Die Überanspruchung der wirtschaftlichen Kräfte führte zu einem erheblichen Kapitalverschleiß der Produktionsmittel. Gleichzeitig hatten die unterlassenen Nettoinvestitionen während des Krieges zu einem Stillstand der wirtschaftlichen Entwicklung geführt.[62] Es entstand ein abgeschlossenes Wirtschaftssystem, das nach dem Krieg in einem langwierigen Prozess in eine funktionierende Marktwirtschaft umgestaltet werden musste, da die Marktmechanismen durch Höchstpreisregelungen und Subventionen ausgeschaltet worden waren. So hatte die staatlich gelenkte Zwangswirtschaft eine ineffiziente, destabilisierte Volkswirtschaft hinterlassen.[63]

Mit dem Ende des Krieges kam es schließlich zu erbitterten Meinungsverschiedenheiten zwischen Regierung und Unternehmertum über die Abschaffung der Zwangswirtschaft. So agitierten Industrie und Handel während der Jahre 1917/18 heftig für die Wiederherstellung der wirtschaftlichen Freiheit.[64] Bis Mitte 1919 bestimmten die innenpolitischen Auseinandersetzungen und die außenwirtschaftliche Isolation die Lage der deutschen Wirtschaft. Der Kampf der Industrie mit dem Reichswirtschaftsamt um die Kontrolle der Übergangswirtschaft endete zur Jahreswende 1918/19. So kam es zur Abschaffung der Preiskontrolle und zur Lockerung anderer

---

[61] Vgl. Ambrosius 2005, S. 298ff.
[62] Vgl. Henning, 1988, S. 51f.
[63] Vgl. Blaich, 1994, S. 19f.
[64] Vgl. Hardach, 1993, S. 20ff.

Kontrollen. Einerseits verfolgten die Industriellen also eine Politik, in der sie die Inflation dazu benutzten, ihre Industrieanlagen und ihren Aktienbesitz zu erweitern und durch Konzessionen an die Arbeiterschaft die Allianz der Produzenten gegen die Verbraucher fortzusetzen. Diese Strategie wurde vorwiegend von der Schwerindustrie verfolgt, so dass sich mit dem Ende des Krieges und dem Anfang der offenen Inflation die organisierte Industrie mit der Organisierten Arbeiterschaft verbündete. So kam es am 15. November 1918 zum so genannten Stinnes-Legien-Abkommen[65] und der daraus entstehenden Zentralen Arbeitsgemeinschaft (ZAG). Es war der Versuch, die Beziehungen zwischen Arbeitgebern und Arbeitnehmern zu entschärfen, sich vor bürokratischen Eingriffen und Sozialisierungsmaßnahmen durch das „Revolutionsregime" zu schützen und so „machten die Arbeitgeber rasch Zugeständnisse bei der Anerkennung der Gewerkschaften, der Einrichtung von Betriebsräten sowie der Einführung des Acht-Stunden-Tages ohne Lohnabzug"[66]. Gleichzeitig wollte man den anscheinenden „Burgfrieden" nutzen um sich nach der Kriegswirtschaft neu zu organisieren, was sich auch in der Gründung des Reichsverbands der Industrie (RDI) im Jahr 1919 widerspiegelte.[67]

---

[65] Siehe dazu: Feldman, 1984, S. 100-127.
[66] Priemel, Kim Christian: Flick: Eine Konzerngeschichte vom Kaiserreich bis zur Bundesrepublik. Göttingen 2007, S. 87.
[67] Vgl. ebd., 1984, S. 46ff.

3.2. Die Inflationsjahre

Ohne Zweifel kann man die Großindustriellen, nach dem Staat selbst, als Hauptgewinner der Inflationsjahre ansehen.[68] Nach Ende des Ersten Weltkriegs stieg das Arbeitskräftepotential durch die 10 Millionen zurückkehrenden Soldaten und die Umstellung auf eine Friedenswirtschaft stark an und durch die andauernde Inflation waren die Arbeitskräfte ständig unterbezahlt, denn trotz fortschreitender Lohnanpassungen in vielen Wirtschaftsbereichen blieben die Löhne hinter der Inflationsentwicklung zurück.[69] Die Reichsbank gewährte, wie dem Staat selbst, auch der Industrie immer wieder enorm hohe Kredite aus der vermehrten Banknotenausgabe, obschon sie wusste, damit den Währungsverfall voranzutreiben. So konnte eine Vielzahl von Unternehmen und Unternehmern, mit Hilfe von Krediten, die inflationsbedingt am Fälligkeitstag nur noch einen Bruchteil ihres ursprünglichen Wertes besaßen, umfangreiche Investitionen vornehmen und ihre Kapazitäten erweitern.[70] Gemäß dem Grundsatz „Mark ist gleich Mark"[71], konnten die Kredite also mit entwertetem Geld zurückgezahlt werden, die zu einem höherwertigerem Kurs aufgenommen worden waren. Die Schulden der Schuldner lösten sich dadurch zunehmend in Luft auf.

Innerhalb der Großindustrie war es vor allem die Montanindustrie, die die Inflation zu ihren Gunsten zu nutzen wusste. Im Zeichen der drückenden Rohstoff- und Kreditnot gelang es ihr, die weiterverarbeitenden Industrien in Abhängigkeit von sich zu bringen. Durch die vertikale Konzentration wurden die Beziehungen zwischen großen schwerindustriellen Konzernen und ihren Abnehmerindustrien systematisch gebunden. So verschaffte sich die schwerindustrielle Seite Absatzgarantien und die Beteiligung am lukrativen und devisenbringenden Exportgeschäft mit Fertigprodukten, während den Abnehmern Rohstofflieferungen zugesichert und Kapital zur Verfügung gestellt wurden. Beide Seiten konnten so ihr Unternehmerrisiko und ihre Abhängigkeit

---

[68] Vgl. Winkler, Heinrich-August: Von der Revolution zur Stabilisierung. 2., völlig durchgesehene und korrigierte Auflage, Berlin 1985, S. 388.
[69] Vgl. ebd. S. 393ff.
[70] Vgl. Wixforth, Harald: Banken und Schwerindustrie in der Weimarer Republik. Köln u.a. 1995, S. 66.
[71] Hardach, 1993, S. 28.

von der Mark verringern.[72] Ein weit verbreitetes Mittel dieser vertikalen aber auch horizontalen Konzentration waren die kapitalmäßigen Beteiligungen und die Zusammenarbeit in Interessengemeinschaften. Zum einen gab es Konzerne, die einen systematischen inneren Ausbau zur Rohstoffbasis und/oder in nachfolgende Produktionsstufen, bis hin zu Transport und Handelsunternehmen anstrebten. Zum anderen gab es auch diejenigen Großunternehmer, die weit über eine Vervollkommnung der Leistungseinheiten hinaus zu konglomeraten Unternehmenszusammenschlüssen übergingen. Zur ersten Gruppe zählen beispielsweise der Thyssen Konzern, die Rheinischen Stahlwerke, die Gutehoffnungshütte, Krupp und Hoesch, während zur zweiten Gruppe, zum Teil auch als Inflationskonzerne bezeichnet, der Stinnes Konzern, die Rombacher Hütte sowie Linke-Hofmann-Lauchhammer gehörten.[73] Durch diese Bildung von „Superkonzernen" zeigte sich die „Flucht in die Sachwerte" auf höchster Ebene. Durch die inflationsfördernden Maßnahmen der staatlichen Stellen wurde diese auch begünstigt. So eröffnete zum Beispiel die Preisprüfungsstelle Berlin im September 1922 den Unternehmern die Möglichkeit, bei der Kalkulation der Verkaufspreise statt der Produktionspreise die Wiederbeschaffungspreise einzusetzen. Da faktisch nur die Großindustrie und der Großhandel in der Lage waren ihre Preise auf Gold- und Dollarbasis zu kalkulieren, hatten diese auch noch einen Vorteil gegenüber den kleinen Unternehmungen. [74]

Ein weiterer Vorteil des Unternehmertums während der Inflation war die staatliche Besteuerung. Während Arbeitnehmern die Lohnsteuer von Löhnen und Gehältern sofort abgezogen wurde, mussten Selbstständige ihre Steuern erst erheblich später bezahlen. Dies lief während der Hyperinflation faktisch auf eine Steuerbefreiung hinaus.[75]

Auch unterstützte der Währungsverfall die Exportwirtschaft. Viele Unternehmen waren so in der Lage einige der höchsten Zollschranken zu überspringen und ihre Waren gut und billig im Ausland absetzen, da dort aufgrund der deutschen

---

[72] Vgl. Winkler, 1985, S. 389.
[73] Vgl. Pohl, Hans: Wirtschaft, Unternehmen, Kreditwesen, soziale Probleme : ausgewählte Aufsätze. Stuttgart 2005, S. 278f.
[74] Vgl. Winkler, 1985, S. 389.
[75] Vgl. ebd.

Inflation eine Unterbewertung der Mark vorherrschte.[76] Die Inflation hatte sehr positive Konsequenzen für den wirtschaftlichen Aufschwung Deutschlands und das deutsche Unternehmertum. Jedoch kann man nicht davon sprechen, dass bereits zu Beginn der Inflation die gesamte Wirtschaft auf diese Situation reagierte und diese für die eigenen Interessen instrumentalisierte, da die Folgen noch gar nicht abzuschätzen waren. Die verschiedenen Unternehmen zeigten sehr unterschiedliche und keineswegs immer beständige Verhaltensweisen, wobei sich deutlich die jeweilige Inflationsphase in ihren Entscheidungen niederschlug.[77] Die Industrie, besonders die Großindustriellen profitierten bis zum Ausbruch der „Hyperinflation" vom fortschreitenden Währungsverfall. Besonders den Aufschwung der Schwerindustrie, während und nach dem Krieg, förderte die Inflation.[78]

---

[76] Vgl. Hardach, 1993, S. 29.
[77] Vgl. Kolb, 2002, S. 179ff.
[78] Vgl. Feldman, Gerald D.: Vom Weltkrieg zur Weltwirtschaftskrise, Göttingen 1984, S. 57.

4. Resümee

Der Zeitabschnitt der Inflation war geprägt durch beschleunigte soziale Veränderungen, eine Umverteilung der Vermögenswerte und einer Umstrukturierung der Verhältnisse zwischen den sozioökonomischen Gruppen der Nachkriegszeit. Die Inflation endete mit einem Zusammenbruch der Wirtschaft in Form der „Zerstörung normaler Handelsbeziehungen auf den in- und ausländischen Märkten", sozialen Unruhen und materieller Not.[79]

Neben dem Staat selbst, kann auch ein großer Teil Industrie und Großunternehmer als Gewinner der Inflation bezeichnet werden. Sie konnten den zunehmenden Währungsverfall bewusst oder unbewusst für ihre Interessen instrumentalisieren. Letztendlich waren jedoch die ökonomischen Folgen weitaus weniger schwerwiegend, als die psychologischen Folgen der Inflation. Die deutsche Industrie wurde indirekt durch den Staat subventioniert, indem man ihr anhand des Steuersystems faktisch die Steuern erließ. Auch der Einfluss den die Großunternehmer, während der Inflationszeit, auf die Politik nehmen konnten zeigt sich an der zurückhaltenden Steuerpolitik. Die Reichsregierung unterließ fast gänzlich alle Maßnahmen, die die Investitionstätigkeit der Unternehmer oder die deutsche Kreditfähigkeit im Ausland beeinträchtigen hätten können. Es kann also durchaus behauptet werden, dass es während der Inflation zu einer, wenn auch inoffiziellen Begünstigung der deutschen Privatwirtschaft kam. Deutlich wird dies vor allem an der Bildung der vielen Interessengemeinschaften der Industrie sowie den Inflationskonzernen. Von denen viele, vor allem Inflationskonzerne, nach der Stabilisierung der Währung wieder auseinanderbrachen.

---

[79] Vgl. Feldman, 1984, Seite 39 ff.

AMBROSIUS, Gerold: Von Kriegswirtschaft zu Kriegswirtschaft (1914-1945). In: North, Michael/Ambrosius, Gerold (Hg.): Deutsche Wirtschaftsgeschichte : ein Jahrtausend im Überblick. München 2005.

BLAICH, F.: Der schwarze Freitag – Inflation und Wirtschaftskrise, München, 1994.

BUSCHMANN, Birgit: Unternehmenspolitik in der Kriegswirtschaft und in der Inflation: Die Daimler-Motoren-Gesellschaft 1914-1923. Vierteljahrschrift für Sozial- und Wirtschaftsgeschichte – Beihefte, Band 144, Stuttgart 1998.

FELDMAN, Gerald D.: Vom Weltkrieg zur Weltwirtschaftskrise, Göttingen 1984.

HARDACH, Karl: Wirtschaftsgeschichte Deutschlands im 20. Jahrhundert (1914 – 1970). 3. Aufl., Göttingen 1993.

HENNING, Friedrich-Wilhelm: Das industrialisierte Deutschland 1914 bis 1986. 6. ergänzte Aufl., Paderborn u.a. 1988.

HOLTFRERICH, Carl-Ludwig: Die deutsche Inflation 1914 – 1923. Ursachen und Folgen in internationaler Perspektive. Berlin 1980.

HUGHES, Michael L.: Econonic Interest, Social Attitudes and Creditor Ideology: Popular Responses to Inflation. In: Feldman, Gerald D.: Die deutsche Inflation – Eine Zwischenbilanz, Berlin 1982.

KERSTINGJOHÄNNER, Helmut: Die deutsche Inflation: 1919 – 1923. Politik und Ökonomie. Frankfurt/Main 2004.

KOLB, Eberhardt: Die Weimarer Republik. 6., überarb. und erw. Aufl., München 2002.

MÖLLER, Horst: Europa zwischen den Weltkriegen. München 1998.

NEU, Axel D.: Die Weimarer Republik im Strudel von Reparation und Inflation., In: Antiker Wertpapier Spiegel, Heft 48/49, Frankfurt/Main 1978.

POHL, Hans: Wirtschaft, Unternehmen, Kreditwesen, soziale Probleme : ausgewählte Aufsätze. Stuttgart 2005.

PRIEMEL, Kim Christian: Flick: Eine Konzerngeschichte vom Kaiserreich bis zur Bundesrepublik. Göttingen 2007.

ROESLER, Klaus: Die Finanzpolitik des Deutschen Reiches im ersten Weltkrieg, Bonn, 1967.

SPECHT, Agnete von: Politische und wirtschaftliche Hintergründe der deutschen Inflation 1918 – 1923. Frankfurt/Main 1982.

WAGENFÜHR, R.: Die Industriewirtschaft. Entwicklungstendenzen der deutschen und internationalen Industrieproduktion 1860 bis 1932. Vierteljahreshefte zur Konjunkturforschung, Sonderheft 31, Berlin, 1933

WEBB, Steven B.: Hyperinflation and Stabilization in Weimar Germany, Washington D.C., 1988

WINKLER, Heinrich August: Von der Revolution zur Stabilisierung. Arbeiter und Arbeiterbewegung in der Weimarer Republik 1918 – 1924. 2. Aufl., Berlin 1985.

WIXFORTH, Harald: Banken und Schwerindustrie in der Weimarer Republik. Köln u.a. 1995.

Meyers Lexikon-Online, http://lexikon.meyers.de/wissen/Inflation+(Sachartikel), Stand: 15.01.2009.

http://www.dhm.de/lemo/html/wk1/wirtschaft/index.html, Stand : 15.01.2009